Impressum
Verlag: BABADADA GmbH, Nedderfeld 112 , 22529 Hamburg
Geschäftsführer / Verlagsleitung: Harald Hof
Druck: Books on Demand GmbH, In de Tarpen 42, 22848 Norderstedt

Imprint
Publisher: BABADADA GmbH, Nedderfeld 112 , 22529 Hamburg, Germany
Managing Director / Publishing direction: Harald Hof
Print: Books on Demand GmbH, In de Tarpen 42, 22848 Norderstedt, Germany

학교

school

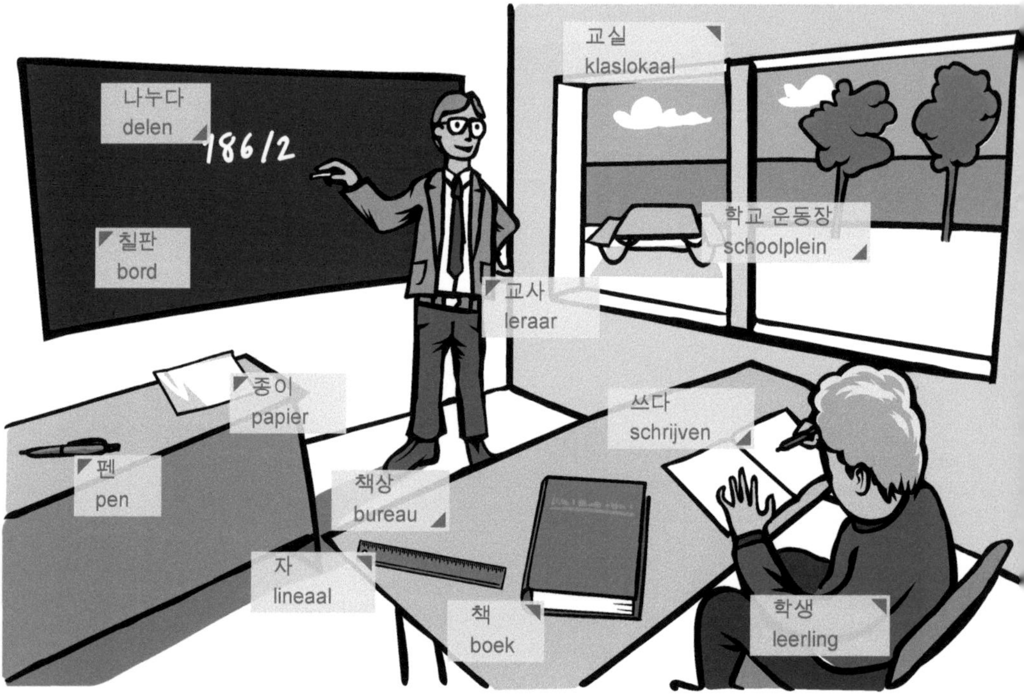

나누다
delen
186/2
칠판
bord
교실
klaslokaal
학교 운동장
schoolplein
교사
leraar
종이
papier
쓰다
schrijven
펜
pen
책상
bureau
자
lineaal
책
boek
학생
leerling

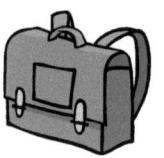

책가방

schooltas

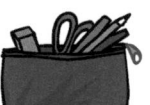

필통

etui

연필

potlood

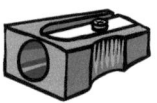

연필깎이

puntenslijper

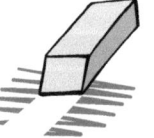

지우개

gum

스케치북

schetsblok

그림
tekening

붓
penseel

그림물감 통
verfdoos

가위
schaar

풀
lijm

연습장
schrift

숙제
huiswerk

12

숫자
getal

2+2

더하다
optellen

5-2

빼다
aftrekken

2×2

곱하다
vermenigvuldigen

계산하다
rekenen

A

글자
letter

ABCDEFG
HIJKLMN
OPQRSTU
VWXYZ

알파벳
alfabet

hello

낱말
woord

텍스트
tekst

읽다
lezen

분필
krijt

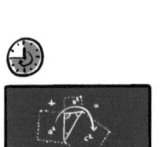

수업시간
les

출석부
klassenboek

시험
examen

증명서
diploma

교복
schooluniform

교육
opleiding

백과사전
encyclopedie

대학교
universiteit

현미경
microscoop

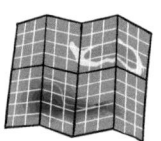

지도
kaart

휴지통
prullenmand

여행

reis

Grand
호텔
hotel
호스텔
hostel
ROOMS
EXCHANGE
환전소
wisselkantoor
여행가방
koffer
자동차
auto

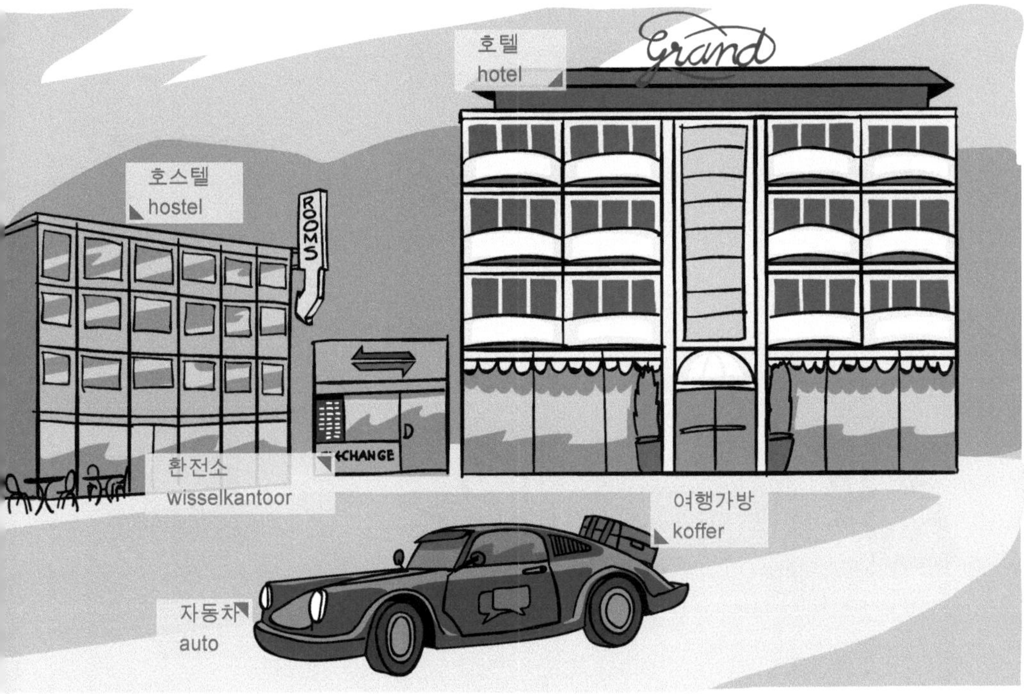

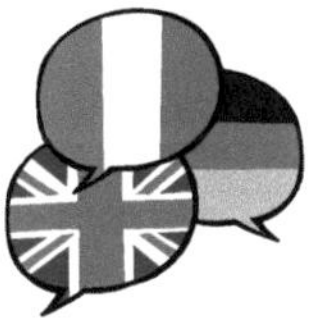

언어

taal

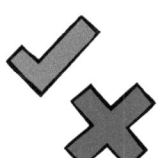

예 / 아니오

ja / nee

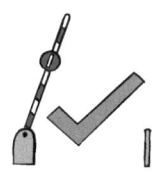

좋아

oké

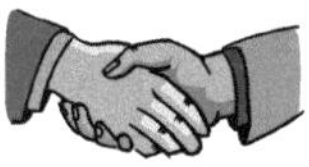

안녕

Hallo!

번역가

tolk

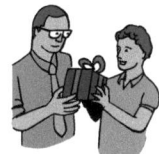

고마워, 고마워요

Bedankt.

... 얼마입니까?

Wat kost ...?

나는 이해하지 못합니다

Ik begrijp het niet.

문제

probleem

안녕하세요!

Goedenavond!

안녕하세요!

Goedemorgen!

잘자요!

Goedenacht!

또 만나요

Tot ziens!

방향

richting

수하물

bagage

가방

tas

배낭

rugzak

손님

gast

방

kamer

침낭

slaapzak

텐트

tent

여행 안내

VVV-kantoor

해변

strand

신용카드

creditkaart

아침식사

ontbijt

점심식사

lunch

저녁식사

diner

승차권

kaartje

승강기

lift

우표

postzegel

경계

grens

세관

douane

대사관

ambassade

비자

visum

여권

paspoort

운반

transport

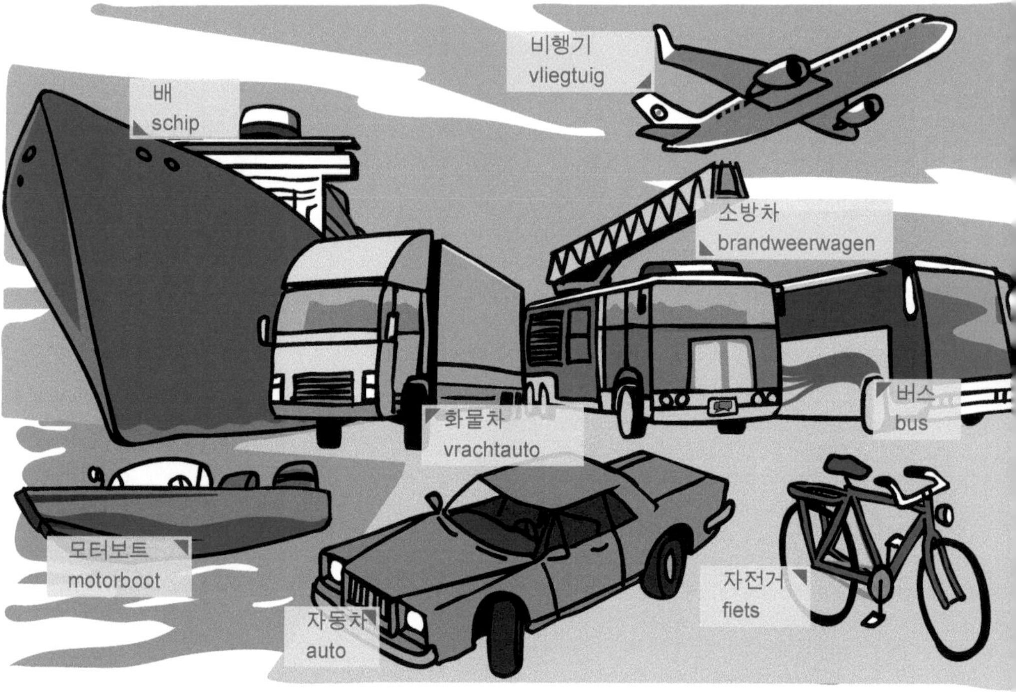
비행기
vliegtuig
배
schip
소방차
brandweerwagen
버스
bus
화물차
vrachtauto
모터보트
motorboot
자전거
fiets
자동차
auto

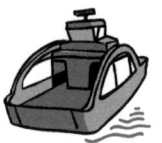

페리

veerboot

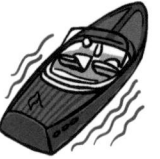

보트

boot

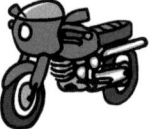

오토바이

motorfiets

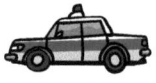

경찰차

politiewagen

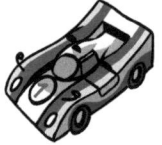

경주차

raceauto

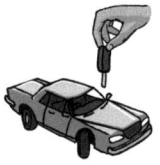

렌트카

huurauto

카셰어링

carsharing

견인차

takelwagen

쓰레기차

vuilniswagen

모터

motor

연료

benzine

주유소

benzinepomp

교통 표지

verkeersbord

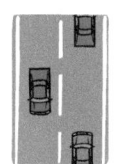

교통

verkeer

교통 정체

file

주차장

parkeerplaats

기차역

station

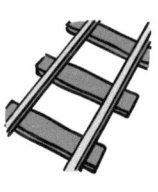

트랙터

rails

기차

trein

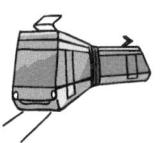

전차

tram

객차

wagon

헬리콥터

helikopter

공항

luchthaven

타워

toren

승객

passagier

컨테이너

container

상자

verhuisdoos

카트

kar

바구니

mand

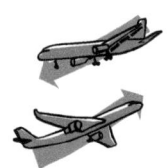

출발하다 / 도착하다

opstijgen / landen

도시

stad

마을

dorp

도심

stadscentrum

집

huis

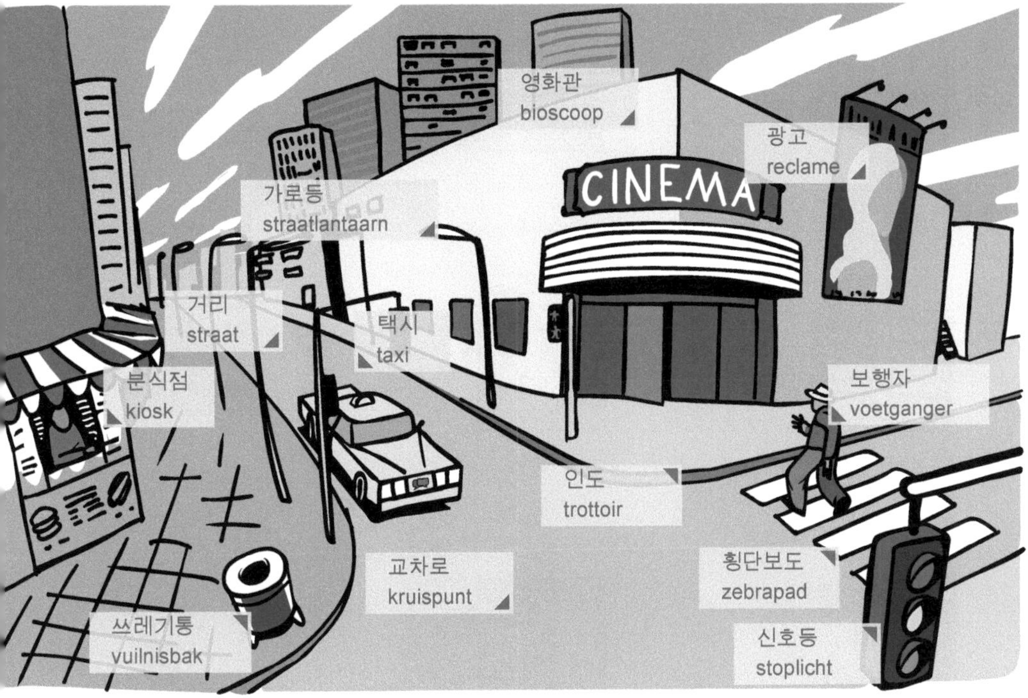
영화관
bioscoop
광고
reclame
CINEMA
가로등
straatlantaarn
거리
straat
택시
taxi
분식점
kiosk
보행자
voetganger
인도
trottoir
교차로
kruispunt
횡단보도
zebrapad
쓰레기통
vuilnisbak
신호등
stoplicht

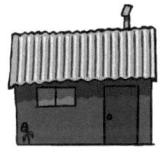

오두막
hut

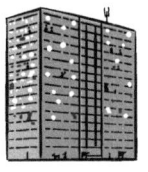

주택
appartement

기차역
station

시청
stadhuis

MUSEUM

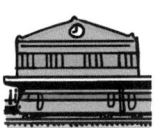

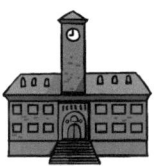

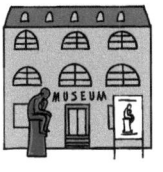

박물관
museum

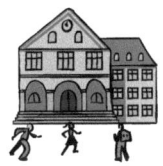

학교
school

대학교
universiteit

은행
bank

병원
ziekenhuis

호텔
hotel

약국
apotheek

사무실
kantoor

서점
boekenwinkel

상점
winkel

꽃가게
bloemenwinkel

수퍼마켓
supermarkt

시장
markt

백화점
warenhuis

생선가게
visboer

쇼핑 센터
winkelcentrum

항구
haven

공원

park

벤치

bank

다리

brug

계단

trap

지하철

metro

터널

tunnel

버스 정류장

bushalte

바

bar

레스토랑

restaurant

우체통

brievenbus

도로 표지판

straatnaambord

주차료 징수기

parkeermeter

동물원

dierentuin

수영장

zwembad

모스크 사원

moskee

도시 - stad

농장

boerderij

환경오염

vervuiling

공동묘지

begraafplaats

교회

kerk

놀이터

speelplaats

절

tempel

풍경

landschap

잎
blad

이정표
wegwijzer

길
weg

초원
weide

돌
steen

나무
boom

도보여행자
wandelaar

강
rivier

잔디
gras

꽃
bloem

계곡
vallei

산
berg

호수
meer

숲
bos

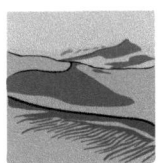

사막
woestijn

화산
vulkaan

성
kasteel

무지개
regenboog

버섯
paddenstoel

야자나무
palmboom

모기
mug

파리
vlieg

개미
mier

벌
bij

거미
spin

딱정벌레

kever

개구리

kikker

다람쥐

eekhoorn

고슴도치

egel

토끼

haas

부엉이

uil

새

vogel

백조

zwaan

맷돼지

wild zwijn

사슴

hert

순록

eland

댐

stuwdam

풍력 터빈

windmolen

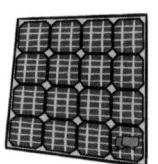

태양광 전지판

zonnepaneel

기후

klimaat

레스토랑
restaurant

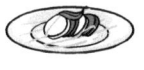

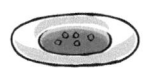

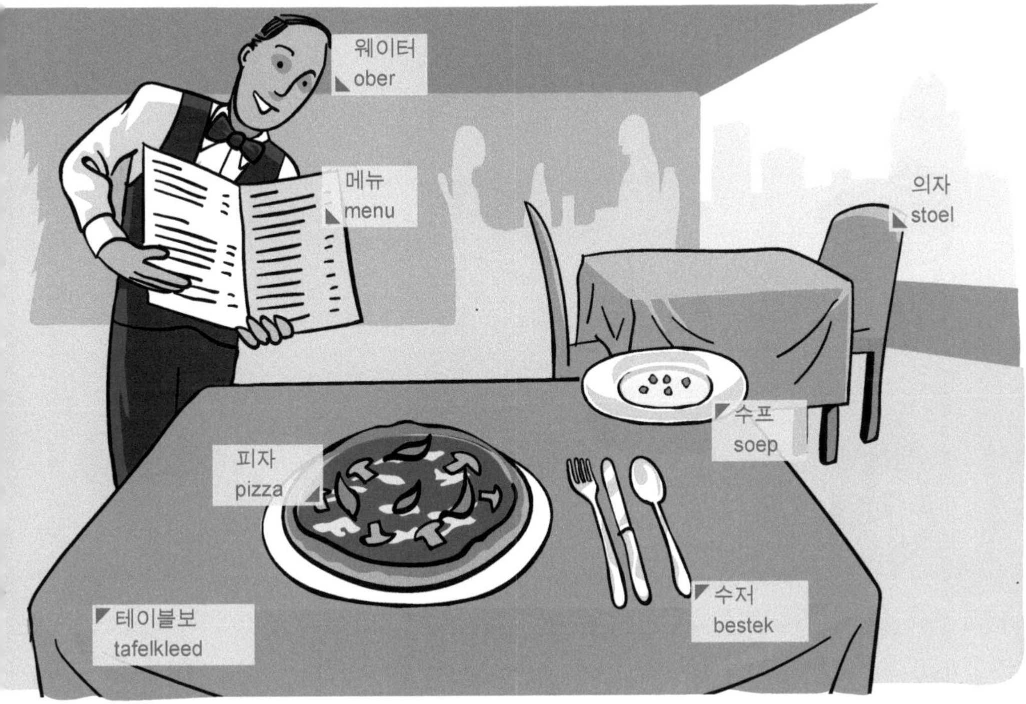

웨이터
ober
메뉴
menu
의자
stoel
수프
soep
피자
pizza
수저
bestek
테이블보
tafelkleed

전채요리

voorgerecht

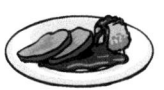

주요리

hoofdgerecht

후식

toetje

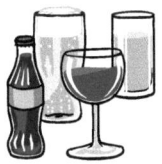

음료수

dranken

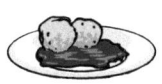

음식

eten

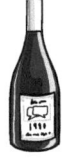

병

fles

인스턴트 식품
fastfood

길거리음식
eetkraampje

찻주전자
theepot

설탕통
suikerpot

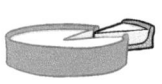

인분
portie

에스프레소 머신
espressomachine

높은 의자
kinderstoel

계산서
rekening

쟁반
dienblad

칼
mes

포크
vork

숟가락
lepel

찻숟가락
theelepel

냅킨
servet

유리잔
glas

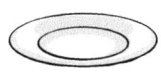

접시
bord

수프 그릇
soepbord

컵 받침
schotel

소스
saus

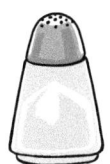

소금통
zoutvaatje

후추통
pepermolen

식초
azijn

기름
olie

양념
kruiden

케첩
ketchup

겨자
mosterd

마요네즈
mayonaise

수퍼마켓
supermarkt

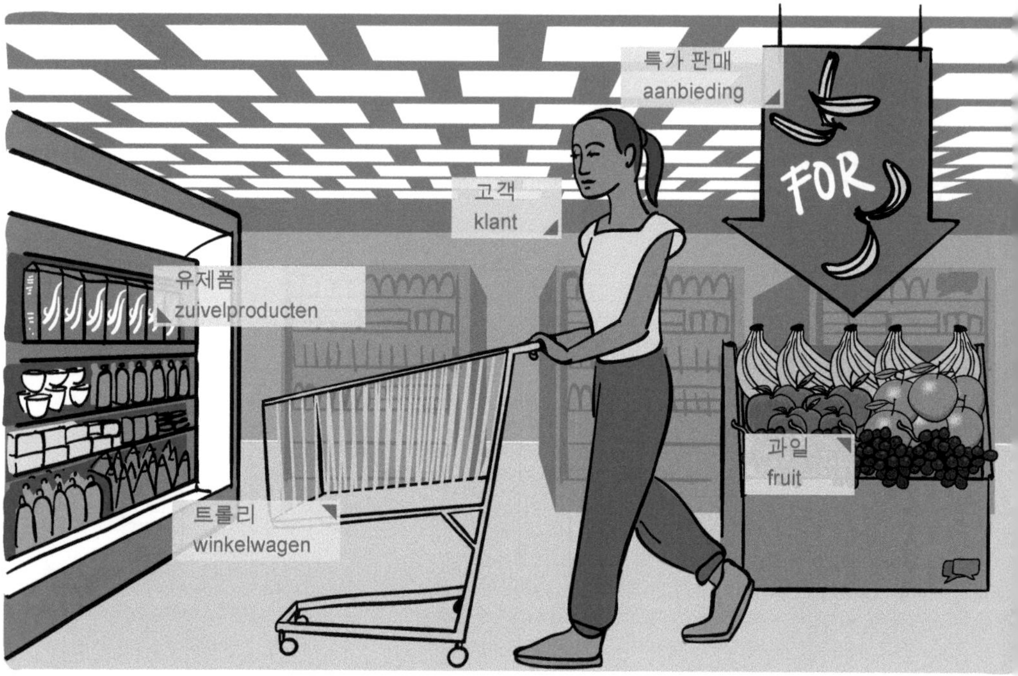
특가 판매
aanbieding
FOR
고객
klant
유제품
zuivelproducten
과일
fruit
트롤리
winkelwagen

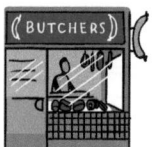

BUTCHERS

정육점

slager

BAKERY

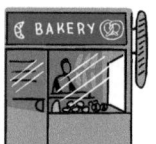

빵집

bakkerij

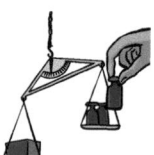

무게가 나가다

wegen

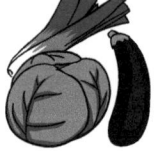

채소

groente

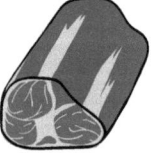

고기

vlees

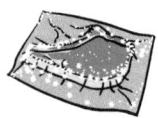

냉동식품

diepvriesproducten

냉육
vleeswaren

통조림
conserven

가루 세제
wasmiddel

달콤한 간식
snoepgoed

가정용품
huishoudelijke artikelen

세척제
schoonmaakmiddel

판매원
verkoopster

계산대
kassa

계산원
kassier

구매목록
boodschappenlijstje

문 여는 시간
openingstijden

지갑
portefeuille

신용카드
creditkaart

가방
tas

비닐 봉투
plastic zak

dranken

물
water

주스
sap

우유
melk

콜라
cola

와인
wijn

맥주
bier

술
alcohol

카카오
chocolademelk

차고
thee

커피
koffie

에스프레소
espresso

카푸치노
cappuccino

바나나

banaan

사과

appel

오렌지

sinaasappel

수박

watermeloen

레몬

citroen

당근

wortel

마늘

knoflook

대나무

bamboe

양파

ui

버섯

paddenstoel

견과류

noten

국수

pasta

스파게티

spaghetti

쌀

rijst

샐러드

salade

감자칩

friet

감자튀김

gebakken aardappelen

피자

pizza

햄버거

hamburger

샌드위치

sandwich

커틀렛

schnitzel

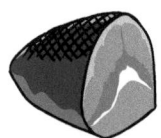

햄

ham

살라미

salami

소시지

worst

닭

kip

구이

gebraad

생선

vis

음식 - eten

오트밀
havermout

뮤슬리
muesli

콘플레이크
cornflakes

밀가루
meel

크루아상
croissant

롤빵
broodjes

빵
brood

토스트
toast

비스킷
koekjes

버터
boter

응유
kwark

케이크
taart

달걀
ei

계란 후라이
gebakken ei

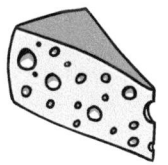

치즈
kaas

아이스크림

ijs

설탕

suiker

꿀

honing

잼

jam

누가 크림

chocoladepasta

카레

kerrie

농장
boerderij

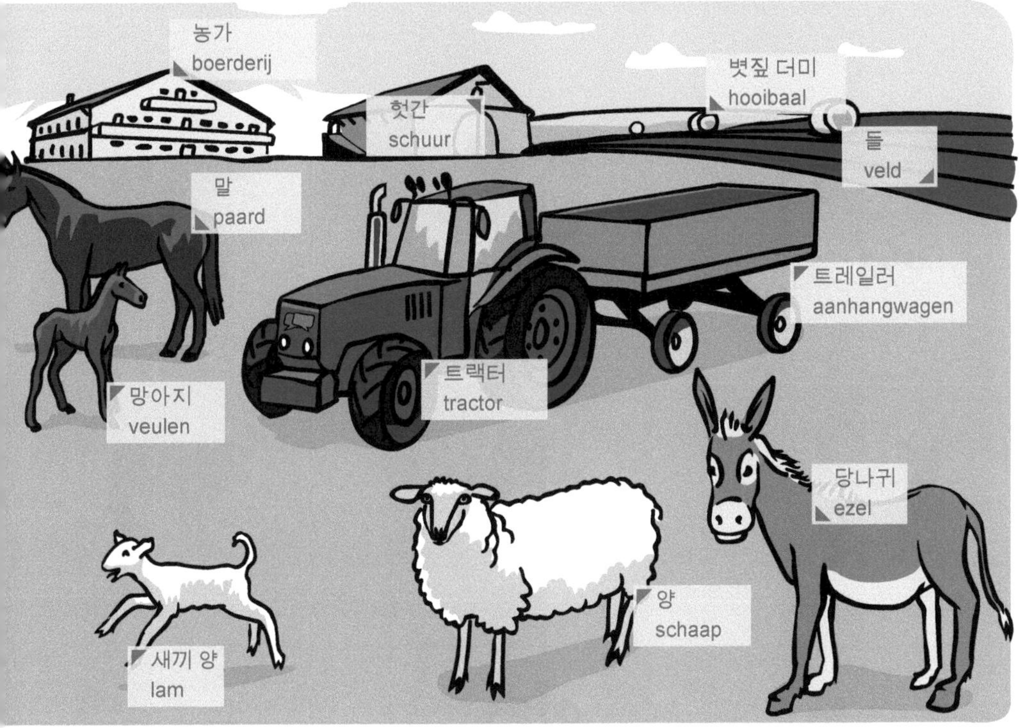

농가
boerderij
헛간
schuur
볏짚 더미
hooibaal
들
veld
말
paard
트레일러
aanhangwagen
트랙터
tractor
망아지
veulen
당나귀
ezel
양
schaap
새끼 양
lam

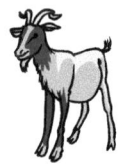

염소
geit

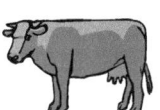

암소
koe

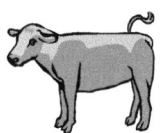

송아지
kalf

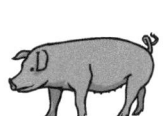

돼지
varken

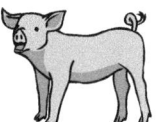

새끼 돼지
big

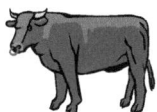

황소
stier

거위

gans

오리

eend

병아리

kuiken

암탉

kip

수탉

haan

쥐

rat

고양이

kat

생쥐

muis

황소

os

개

hond

개집

hondenhok

정원용 호스

tuinslang

물뿌리개

gieter

큰 낫

zeis

쟁기

ploeg

낫
sikkel

괭이
schoffel

쇠스랑
hooivork

도끼
bijl

외바퀴 손수레
kruiwagen

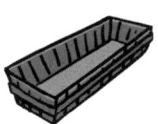

여물통
trog

우유 캔
melkbus

부대
zak

울타리
hek

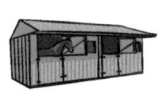

축사
stal

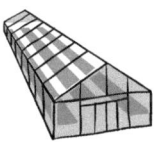

비닐하우스
broeikas

땅
grond

씨앗
zaad

거름
mest

콤바인
maaidorser

수확하다

oogsten

수확

oogst

참마

yam

밀

tarwe

콩

soja

감자

aardappel

옥수수

maïs

유채씨

koolzaad

과일나무

fruitboom

카사바

maniok

곡식

granen

집

huis

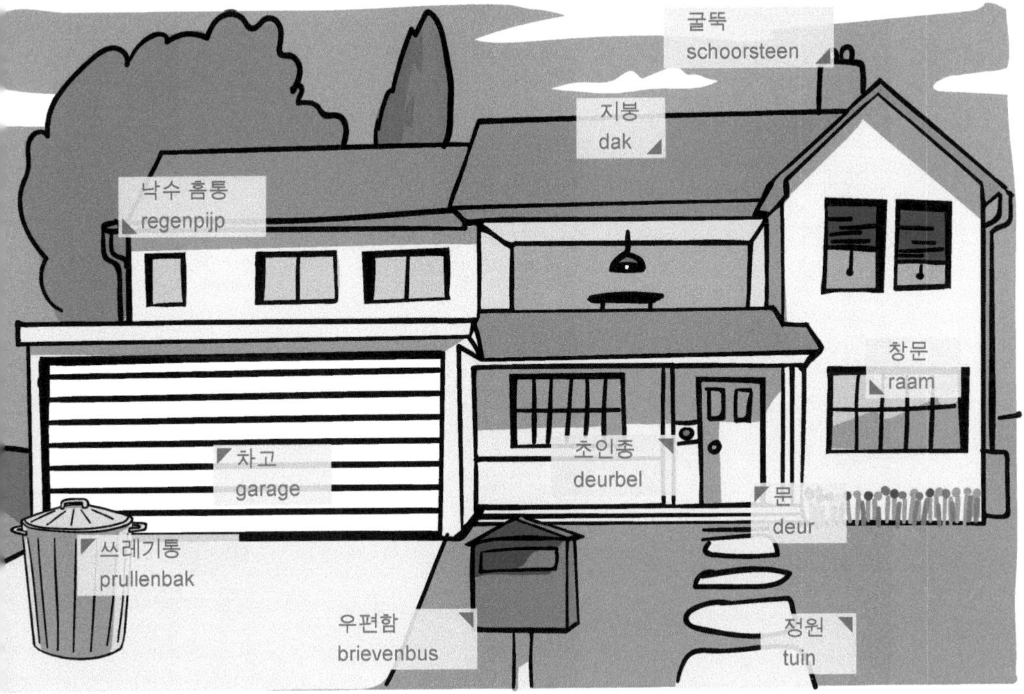

굴뚝
schoorsteen
지붕
dak
낙수 홈통
regenpijp
창문
raam
차고
garage
초인종
deurbel
문
deur
쓰레기통
prullenbak
우편함
brievenbus
정원
tuin

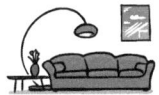

응접실

woonkamer

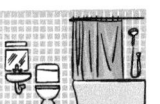

욕실

badkamer

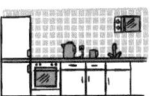

부엌

keuken

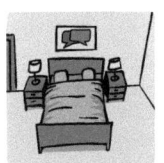

침실

slaapkamer

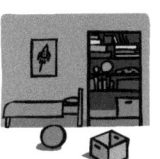

아이들 방

kinderkamer

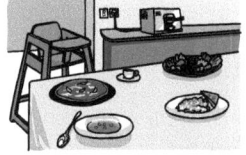

식사실

eetkamer

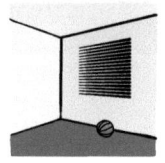

바닥

vloer

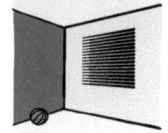

벽

muur

천장

plafond

지하실

kelder

사우나

sauna

발코니

balkon

테라스

terras

수영장

zwembad

잔디 깎는 기계

grasmaaier

침대 시트

laken

이불

bedsprei

침대

bed

빗자루

bezem

양동이

emmer

스위치

schakelaar

응접실

woonkamer

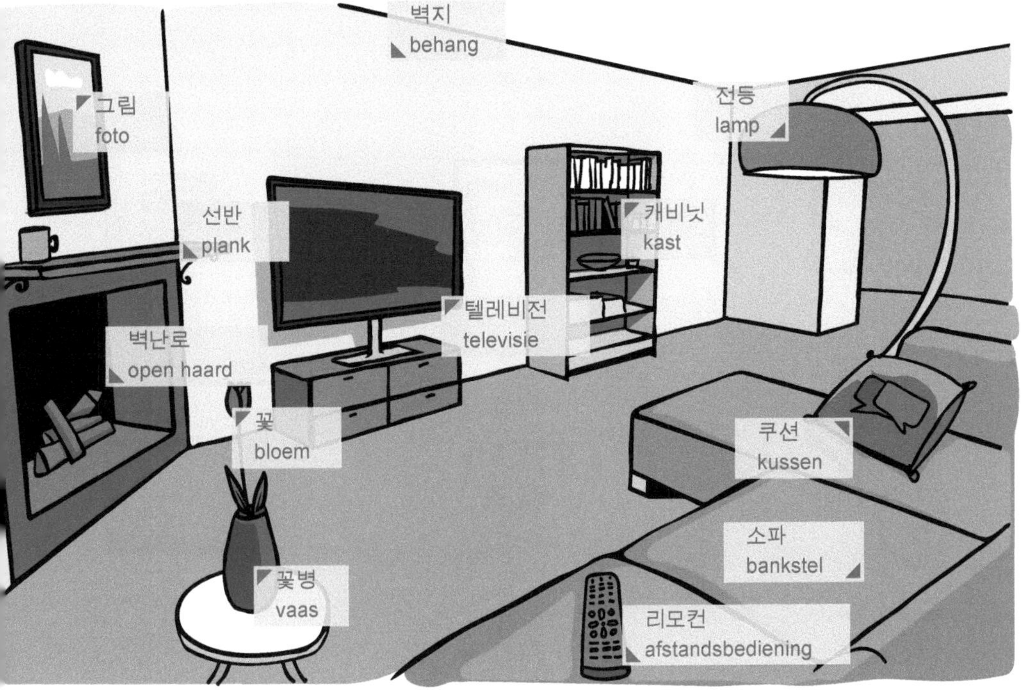

벽지
behang
그림
foto
전등
lamp
선반
plank
캐비닛
kast
텔레비전
televisie
벽난로
open haard
꽃
bloem
쿠션
kussen
소파
bankstel
꽃병
vaas
리모컨
afstandsbediening

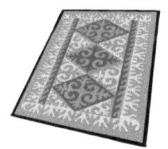

카페트

tapijt

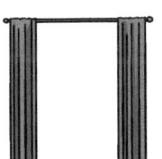

커튼

gordijn

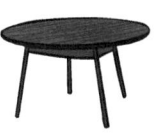

탁자

tafel

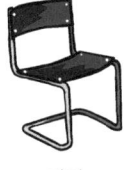

의자

stoel

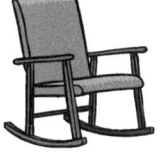

흔들의자

schommelstoel

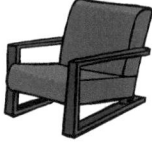

안락의자

stoel

책
boek

담요
deken

장식
decoratie

뗼감나무
brandhout

영화
film

하이파이 기기
stereo-installatie

열쇠
sleutel

신문
krant

회화
schilderij

포스터
poster

라디오
radio

노트
kladblok

진공청소기
stofzuiger

선인장
cactus

초
kaars

부엌
keuken

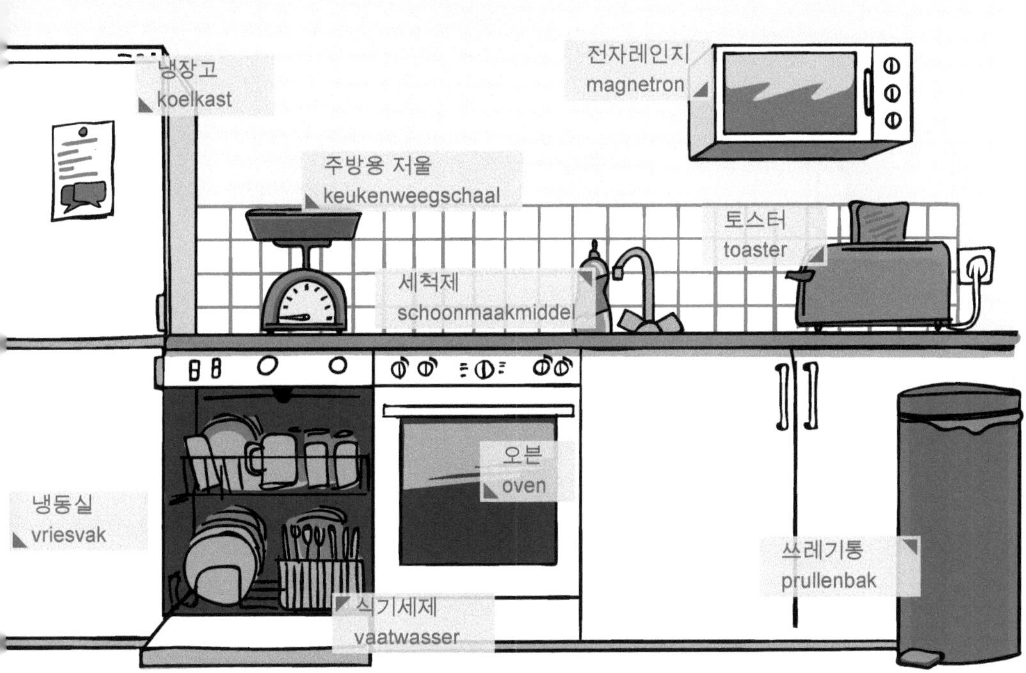
냉장고
koelkast
전자레인지
magnetron
주방용 저울
keukenweegschaal
토스터
toaster
세척제
schoonmaakmiddel
오븐
oven
냉동실
vriesvak
쓰레기통
prullenbak
식기세제
vaatwasser

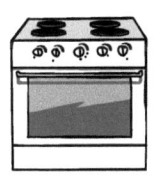

쿠커
fornuis

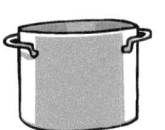

냄비
pan

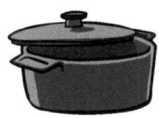

주철 냄비
gietijzeren pan

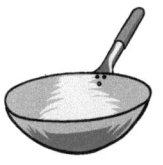

웍 / 카다이 냄비
wok / kadai

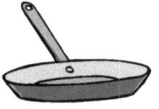

프라이팬
koekenpan

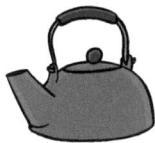

주전자
ketel

찜기

stoomkoker

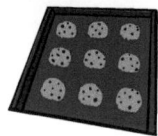

오븐 구이용 쟁반

bakplaat

그릇

servies

머그

beker

양푼이

kom

젓가락

eetstokjes

국자

soeplepel

주걱

spatel

거품기

garde

여과기

vergiet

체

zeef

강판

rasp

절구

vijzel

바베큐

barbecue

화덕

vuurhaard

도마
snijplank

밀방망이
deegroller

코르크 병따개
kurkentrekker

캔
blik

캔 따개
blikopener

냄비 받침
pannenlap

개수대
wasbak

솔
borstel

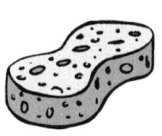

수세미
spons

블렌더
blender

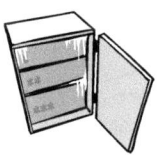

냉동고
vriezer

젖병
babyflesje

수도꼭지
kraan

욕실

badkamer

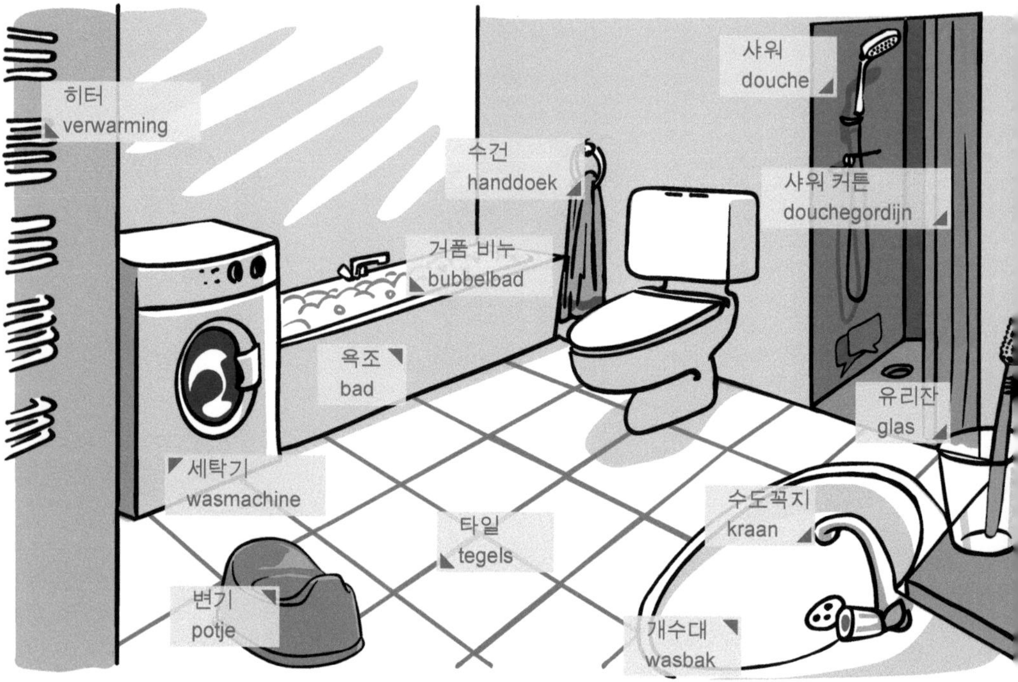

히터
verwarming
수건
handdoek
샤워
douche
샤워 커튼
douchegordijn
거품 비누
bubbelbad
욕조
bad
유리잔
glas
세탁기
wasmachine
수도꼭지
kraan
타일
tegels
변기
potje
개수대
wasbak

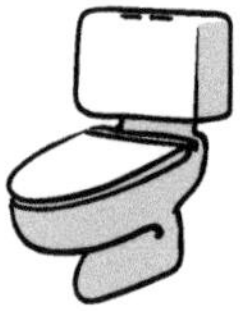

화장실

toilet

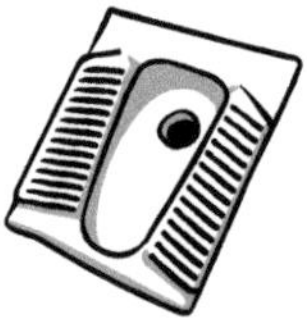

재래식 화장실

hurktoilet

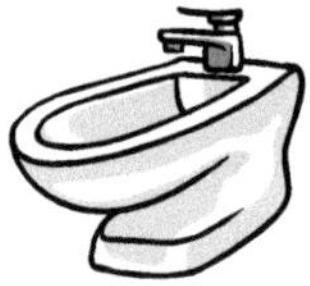

비데

bidet

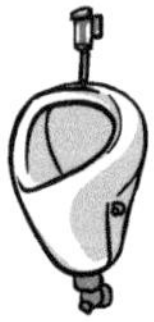

공중 변소

urinoir

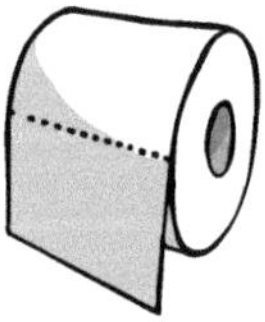

화장지

toiletpapier

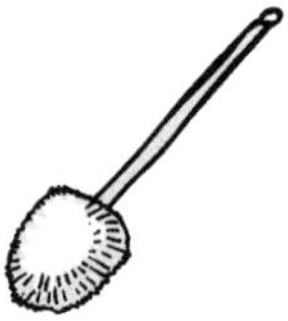

변기솔

toiletborstel

치솔

tandenborstel

치약

tandpasta

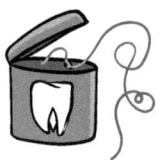

치실

flosdraad

씻다

wassen

샤워기

handdouche

질 세척제

toiletdouche

대야

waskom

등밀이솔

rugborstel

비누

zeep

샤워 젤

douchegel

샴푸

shampoo

물걸레

washanje

배수관

afvoer

크림

creme

체취 제거제

deodorant

욕실 - badkamer

거울

spiegel

휴대용 거울

make-upspiegel

면도기

scheermes

면도 거품

scheerschuim

에프터쉐이브

aftershave

빗

kam

솔

borstel

헤어드라이기

haardroger

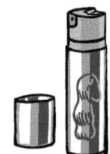

헤어스프레이

haarspray

메이크업

make-up

립스틱

lippenstift

손톱깎이

nagellak

면 솜

watten

손톱

nagelschaartje

향수

parfum

세면도구 주머니

toilettas

스툴

kruk

저울

weegschaal

목욕 가운

badjas

고무 장갑

rubber handschoenen

탐폰

tampon

생리대

maandverband

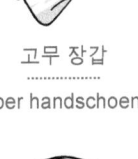

화학 화장실

chemisch toilet

아이들 방
kinderkamer

자명종
wekker
털인형
knuffeldier
장난감 차
speelgoedauto
딸랑이
rammelaar
인형의 집
poppenhuis
선물
cadeau

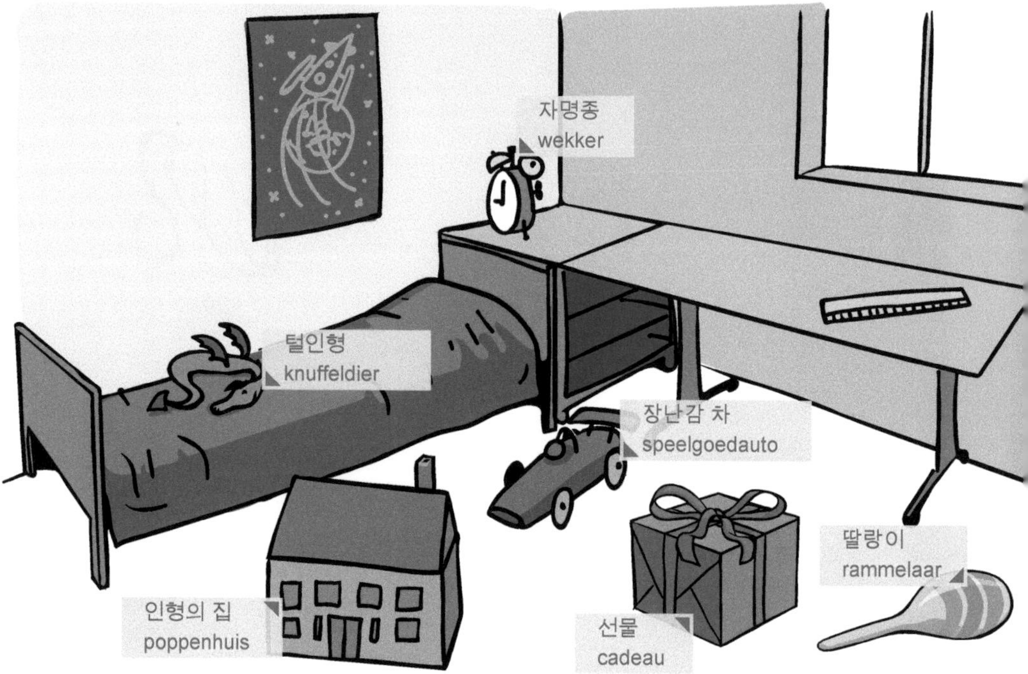

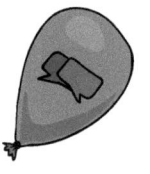

풍선
ballon

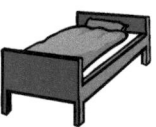

침대
bed

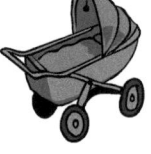

유모차
kinderwagen

카드 게임
kaartspel

퍼즐
puzzel

SUPER MEGA

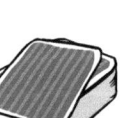

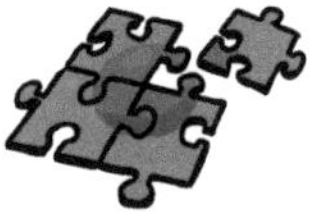

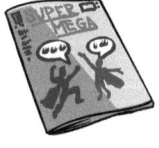

만화
stripverhaal

레고
legostenen

장난감 블럭
speelgoedblokken

액션 캐릭터
actiefiguurtje

베이비 그로
romper

프리스비
frisbee

모빌
mobile

보드 게임
bordspel

주사위
dobbelsteen

기차 모형 세트
modeltrein

노리개 젖꼭지
speen

파티
feestje

그림책
prentenboek

공
bal

인형
pop

놀다
spelen

모래상자

zandbak

그네

schommel

장난감

speelgoed

비디오 게임 콘솔

spelcomputer

세바퀴자전거

driewieler

곰인형

teddybeer

옷장

kleerkast

의복

kleding

양말

sokken

스타킹

kousen

스타킹

panty

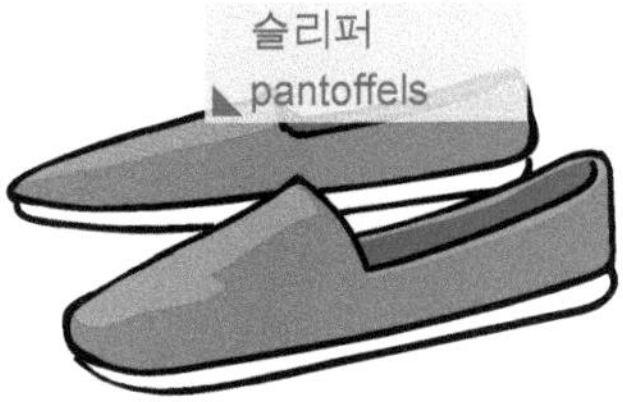

스카프
sjaal

우산
paraplu

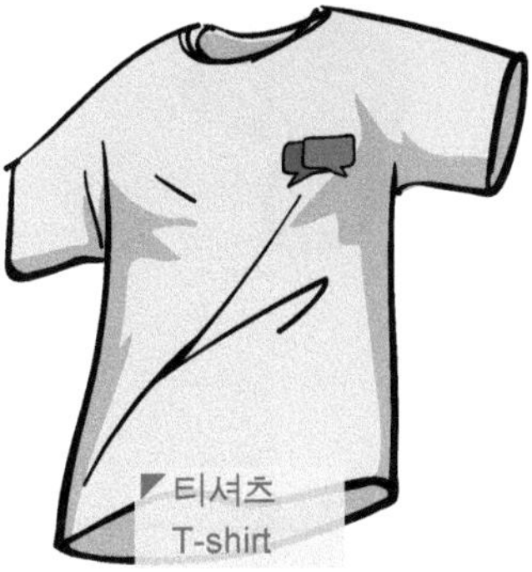

티셔츠
T-shirt

허리띠
riem

부츠
laarzen

슬리퍼
pantoffels

운동화
sportschoenen

샌들
sandalen

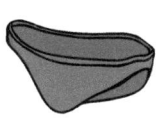

신발
schoenen

고무 장화
rubberlaarzen

팬티
onderbroek

브래지어
beha

러닝 셔츠
onderhemd

바디
body

바지
broek

청바지
spijkerbroek

치마
rok

블라우스
blouse

셔츠
overhemd

풀오버
trui

후드티
hoody

블레이저
blazer

자켓
jas

외투
mantel

비옷
regenjas

의상
kostuum

원피스
jurk

웨딩 드레스
trouwjurk

양복
pak

나이트가운
nachthemd

잠옷
pyjama

사리
sari

두건
hoofddoek

터번
tulband

부르카
boerka

카프탄
kaftan

아바야
abaja

수영복
zwempak

수영바지
zwembroek

반바지
korte broek

트레이닝복
trainingspak

앞치마
schort

장갑
handschoenen

의복 - kleding

단추

knoop

안경

bril

팔찌

armband

목걸이

ketting

반지

ring

귀걸이

oorbel

캡 모자

pet

옷걸이

kledinghanger

모자

hoed

넥타이

stropdas

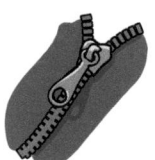

지퍼

rits

헬멧

helm

멜빵

bretels

교복

schooluniform

유니폼

uniform

턱받이

slabbetje

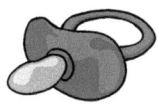

노리개 젖꼭지

speen

기저귀

luier

사무실

kantoor

서버
server

서류 캐비닛
archiefkast

인쇄기
printer

종이
papier

모니터
beeldscherm

마우스
muis

책상
bureau

폴더
map

자판기
toetsenbord

의자
stoel

휴지통
prullenmand

컴퓨터
computer

커피잔

koffiemok

계산기

rekenmachine

인터넷

internet

노트북
laptop

편지
brief

메시지
bericht

휴대전화
mobiele telefoon

네트워크
netwerk

복사기
kopieermachine

소프트웨어
software

전화
telefoon

플러그 소켓
stopcontact

팩시밀리
fax

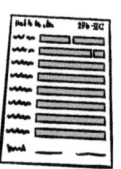

서식
formulier

서류
document

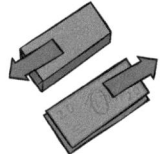

사다

kopen

지불하다

betalen

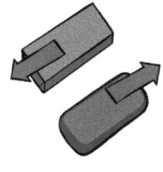

거래하다

handel drijven

돈

geld

 **USD**

달러

dollar

 **EUR**

유로

euro

 **JPY**

엔

yen

 **RUB**

루벨

roebel

 **CHF**

스위스 프랑

Zwitserse frank

 **CNY**

위안

renminbi yuan

 **INR**

루피

roepie

현금인출기

geldautomaat

환전소
wisselkantoor

금
goud

은
zilver

석유
olie

에너지
energie

가격
prijs

계약
contract

세금
belasting

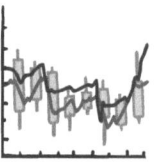

주식
aandeel

일하다
werken

근로자
werknemer

고용주
werkgever

공장
fabriek

상점
winkel

직업

beroepen

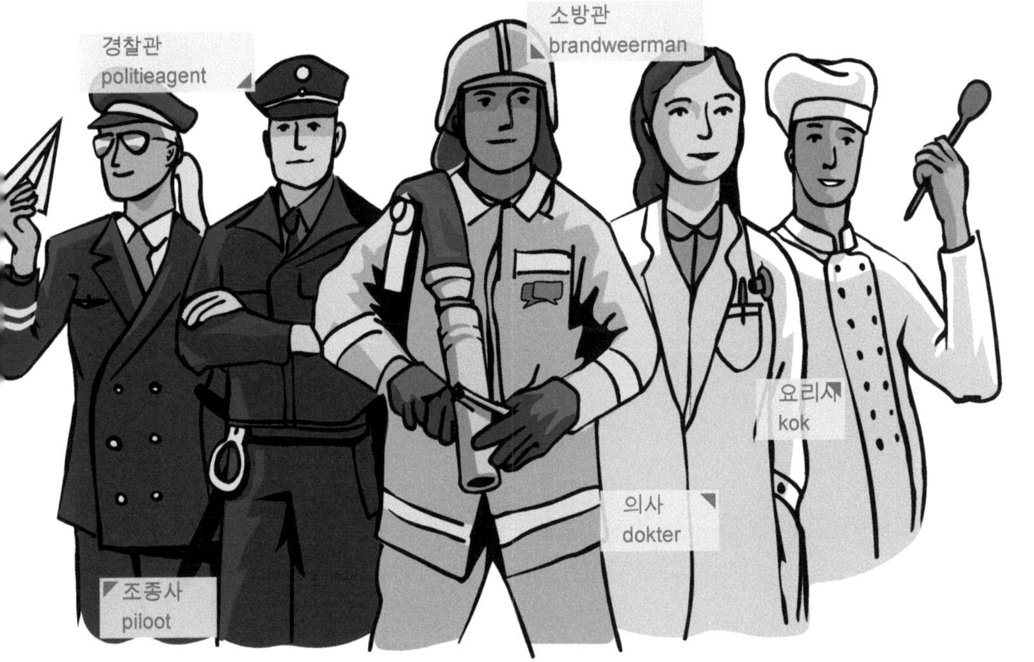

경찰관
politieagent
소방관
brandweerman
요리사
kok
의사
dokter
조종사
piloot

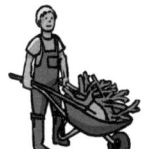

정원사

tuinman

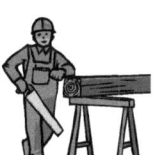

목수

timmerman

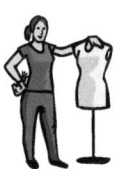

수선공

naaister

판사

rechter

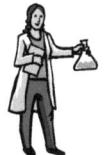

화학자

scheikundige

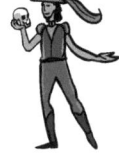

배우

toneelspeler

버스운전사

buschauffeur

택시 운전사

taxichauffeur

어부

visser

청소부

schoonmaakster

지붕 수리자

dakdekker

웨이터

ober

사냥꾼

jager

화가

schilder

제빵사

bakker

전기업자

elektricien

건축업자

bouwvakker

엔지니어

ingenieur

정육점업자

slager

배관업자

loodgieter

우편물 배달부

postbode

군인

soldaat

건축가

architect

계산원

kassier

플로리스트

bloemist

미용사

kapper

검표원

conducteur

정비사

monteur

선장

kapitein

치과의사

tandarts

학자

wetenschapper

유대교 라비

rabbi

이맘

imam

수도승

monnik

사제

pastoor

연장

gereedschap

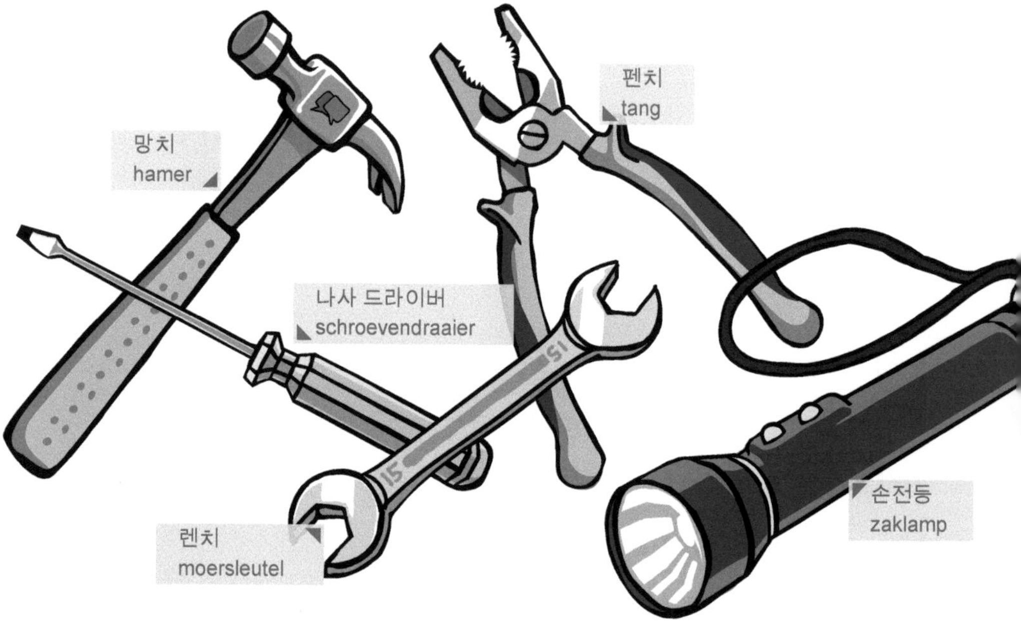
망치
hamer
펜치
tang
나사 드라이버
schroevendraaier
렌치
moersleutel
손전등
zaklamp

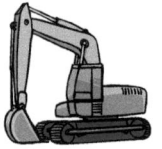

굴삭기

graafmachine

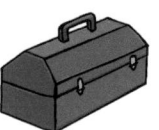

연장통

gereedschapskist

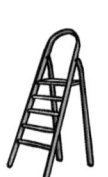

사다리

ladder

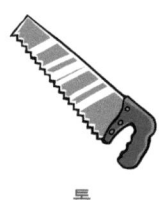

톱

zaag

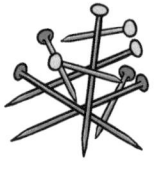

못

spijkers

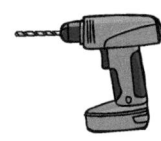

드릴

boor

수리하다
repareren

삽
schep

젠장!
Verdorie!

쓰레받기
stofblik

페인트통
verfpot

나사
schroeven

악기

muziekinstrumenten

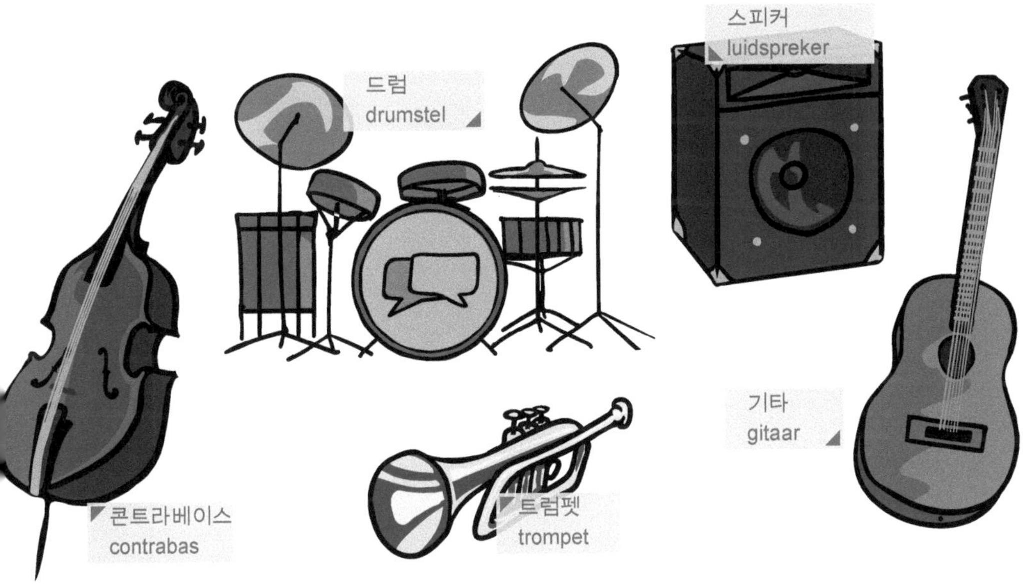

드럼
drumstel

스피커
luidspreker

콘트라베이스
contrabas

트럼펫
trompet

기타
gitaar

피아노

piano

바이올린

viool

베이스

bas

팀파니

pauk

북

trommel

키보드

keyboard

색소폰

saxofoon

플루트

fluit

마이크

microfoon

동물원
dierentuin

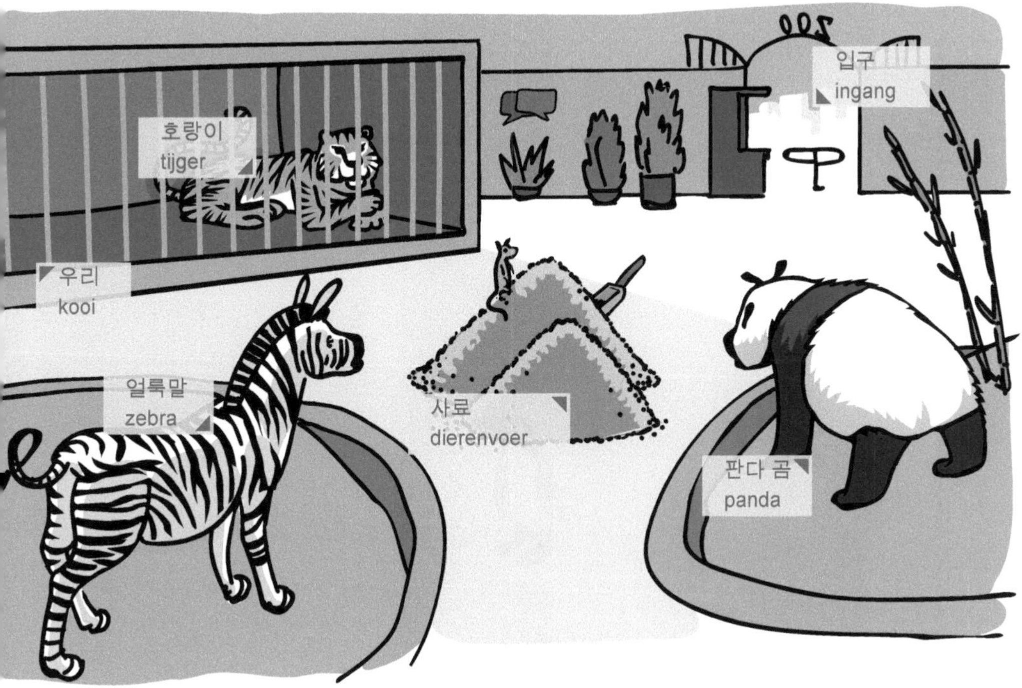
입구
ingang
호랑이
tijger
우리
kooi
얼룩말
zebra
사료
dierenvoer
판다 곰
panda

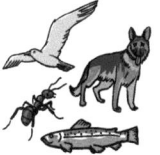

동물

dieren

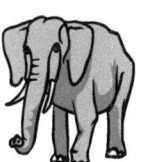

코끼리

olifant

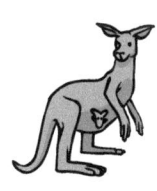

캥거루

kangoeroe

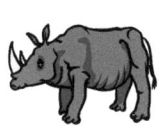

코뿔소

neushoorn

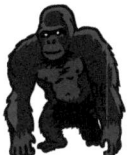

고릴라

gorilla

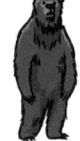

곰

beer

낙타

kameel

타조

struisvogel

사자

leeuw

원숭이

aap

홍학

flamingo

앵무새

papegaai

북극곰

ijsbeer

펭귄

pinguïn

상어

haai

공작

pauw

뱀

slang

악어

krokodil

동물원 사육사

dierenverzorger

물개

zeehond

재규어

jaguar

조랑말
pony

표범
luipaard

하마
nijlpaard

기린
giraffe

독수리
adelaar

맷돼지
wild zwijn

생선
vis

거북이
schildpad

바다코끼리
walrus

여우
vos

영양
gazelle

미식축구
American football

자전거 경기
wielrennen

테니스
tennis

농구
basketbal

수영
zwemmen

아이스하키
ijshockey

권투
boksen

축구
voetbal

배드민턴
badminton

육상 경기
atletiek

핸드볼
handbal

스키
skiën

폴로
polo

활동
activiteiten

웃다
lachen
뛰어오르다
springen
포옹하다
knuffelen
걷다
lopen
노래하다
zingen
꿈꾸다
dromen
기도하다
bidden
입맞추다
kussen

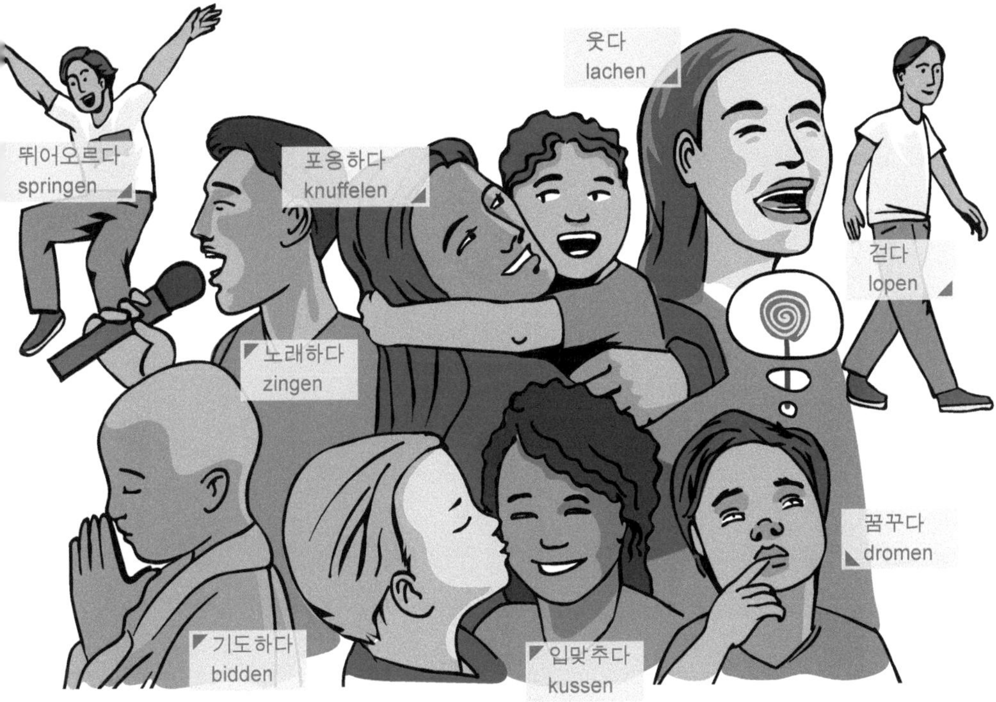

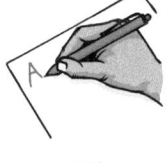

쓰다
schrijven

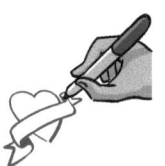

그리다
tekenen

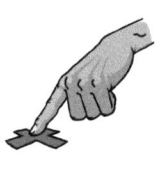

보여주다
tonen

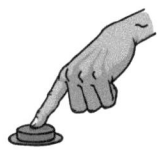

밀다
duwen

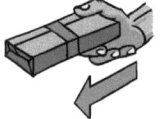

주다
geven

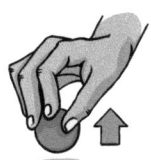

받다
oppakken

가지다

hebben

행하다

doen

...이다

zijn

서있다

staan

뛰다

rennen

당기다

trekken

던지다

gooien

떨어지다

vallen

누워있다

liggen

기다리다

wachten

운반하다

dragen

앉다

zitten

옷을 입다

aankleden

자다

slapen

깨다

wakker worden

보다

bekijken

울다

huilen

쓰다듬다

strelen

빗다

kammen

말하다

praten

이해하다

begrijpen

묻다

vragen

듣다

horen

마시다

drinken

먹다

eten

정리하다

opruimen

사랑하다

houden van

요리하다

koken

주행하다

rijden

날다

vliegen

활동 - activiteiten

해항하다

zeilen

계산하다

rekenen

읽다

lezen

배우다

leren

일하다

werken

결혼하다

trouwen

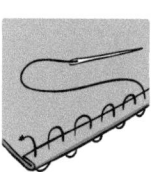

바느질하다

naaien

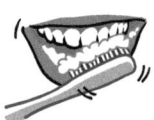

이를 닦다

tandenpoetsen

죽이다

doden

담배 피우다

roken

보내다

verzenden

할머니
grootmoeder

할아버지
grootvader

아버지
vader

어머니
moeder

아기
baby

딸
dochter

아들
zoon

손님

gast

이모 / 고모

tante

삼촌

oom

형제

broer

자매

zus

가족 - familie

몸통

lichaam

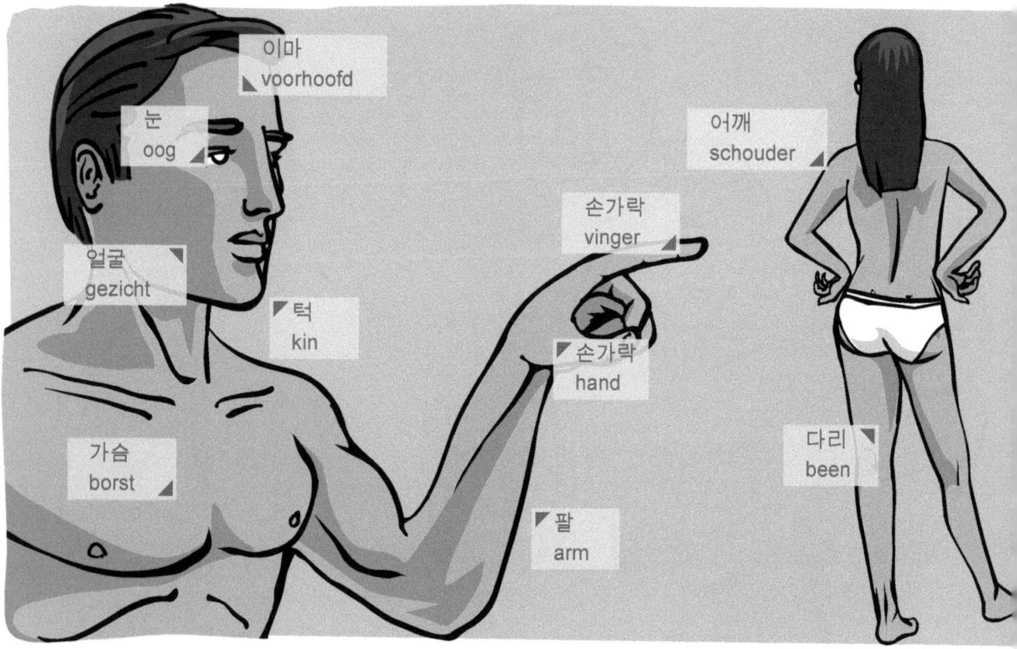

이마
voorhoofd

눈
oog

어깨
schouder

손가락
vinger

얼굴
gezicht

턱
kin

손가락
hand

가슴
borst

다리
been

팔
arm

아기

baby

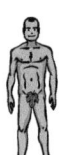

남자

man

여자

vrouw

소녀

meisje

소년

jongen

머리카락

hoofd

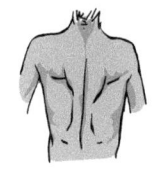

등
rug

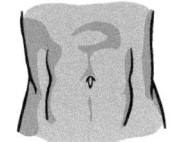

배
buik

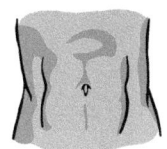

배꼽
navel

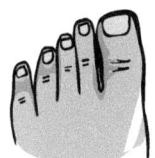

발가락
teen

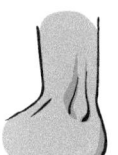

발꿈치
hiel

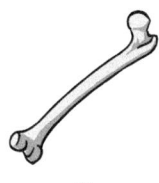

뼈
bot

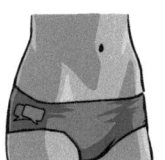

엉덩이
heup

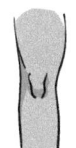

무릎
knie

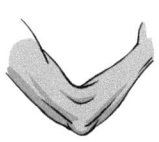

팔꿈치
elleboog

코
neus

둔부
achterwerk

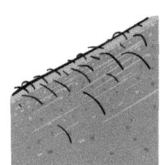

피부
huid

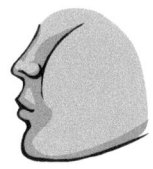

뺨
wang

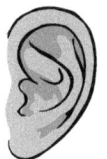

귀
oor

입술
lippen

입
mond

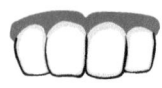

치아
tand

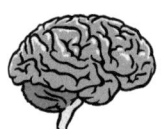

혀
tong

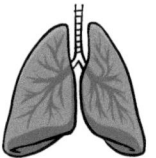

뇌
hersenen

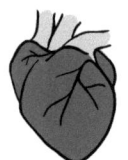

심장
hart

근육
spier

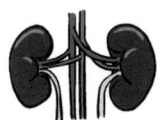

허파
long

간
lever

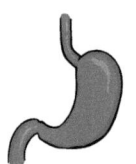

위
maag

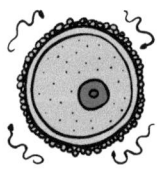

신장
nieren

성교
geslachtsgemeenschap

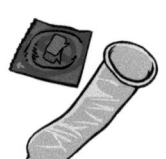

콘돔
condoom

난자
eicel

정자
sperma

임신
zwangerschap

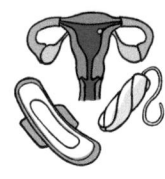

월경

menstruatie

질

vagina

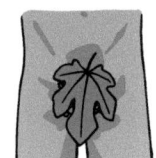

음경

penis

눈썹

wenkbrauw

머리카락

haar

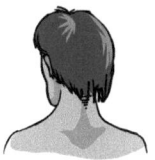

목

hals

병원

ziekenhuis

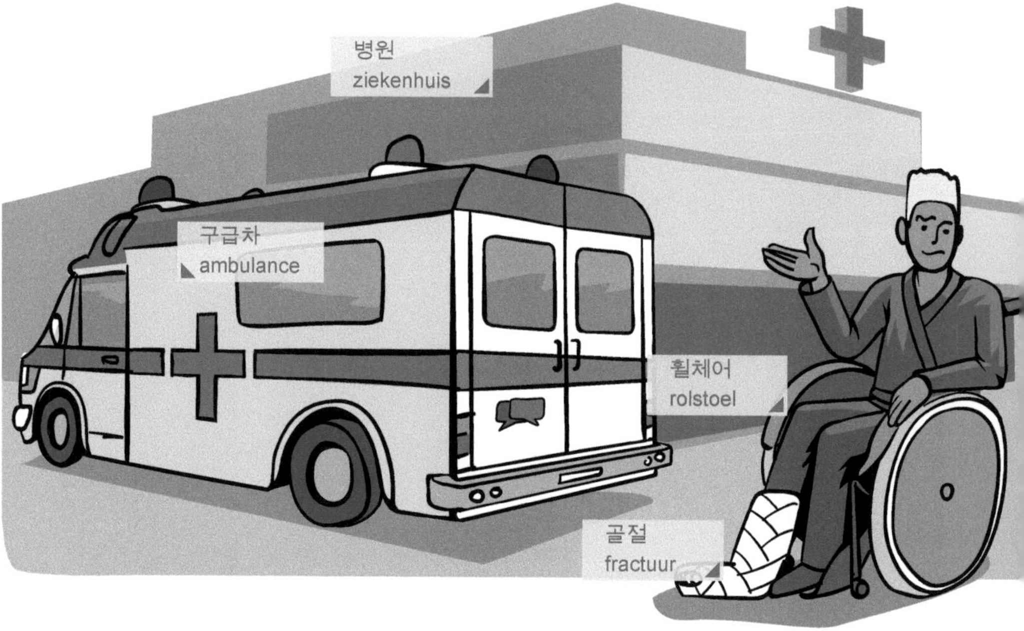

병원
ziekenhuis
구급차
ambulance
휠체어
rolstoel
골절
fractuur

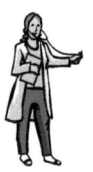

의사
dokter

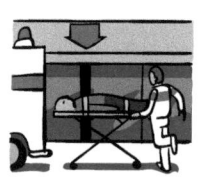

응급실
EHBO

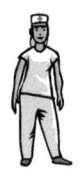

간호사
verpleegster

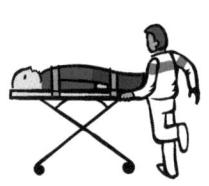

응급상황
noodgeval

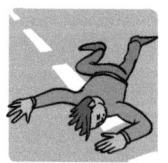

혼수상태
bewusteloos

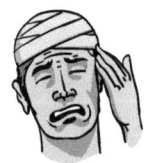

통증
pijn

부상

verwonding

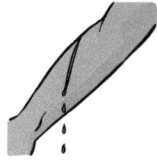

출혈

bloeding

심장마비

hartaanval

뇌졸중

beroerte

알러지

allergie

기침

hoest

열

koorts

독감

griep

설사

diarree

두통

hoofdpijn

암

kanker

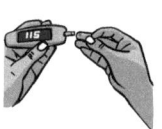

당뇨병

diabetes

외과의

chirurg

수술용 메스

scalpel

수술

operatie

병원 - ziekenhuis

CT
CT

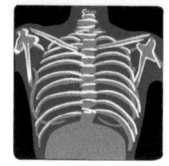

엑스레이
röntgen

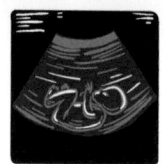

초음파
echografie

마스크
gezichtsmasker

질병
ziekte

대기실
wachtkamer

목발
kruk

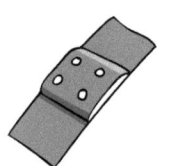

반창고
pleister

붕대
verband

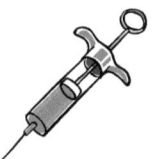

주사
injectie

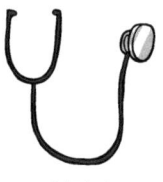

청진기
stethoscoop

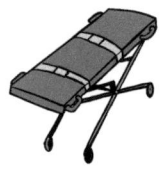

들것
brancard

체온계
thermometer

출생
geboorte

과체중
overgewicht

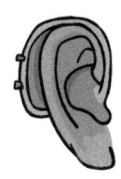

보청기

gehoorapparaat

소독약

ontsmettingsmiddel

감염

infectie

바이러스

virus

HIV / AIDS

HIV / AIDS

의학

medicijn

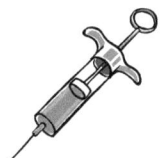

예방접종

inenting

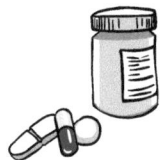

알약

tabletten

알약

pil

구급 전화

alarmnummer

혈압측정기

bloeddrukmeter

병든 / 건강한

ziek / gezond

도와주세요!

Help!

경보음

alarm

폭행

overval

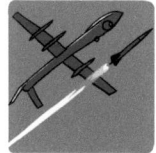

공격

aanval

위험

gevaar

비상구

nooduitgang

불이야!

Brand!

소화기

brandblusser

사고

ongeluk

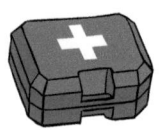

구급 상자

EHBO-koffer

SOS

SOS

경찰

politie

유럽

Europa

북미

Noord-Amerika

남미

Zuid-Amerika

아프리카

Afrika

아시아

Azië

호주

Australië

북극

Atlantische Oceaan

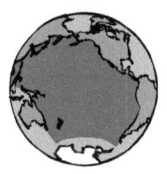

태평양

Stille Oceaan

인도양

Indische Oceaan

남극해

Zuidelijke Oceaan

북극해

Noordelijke IJszee

북극해

Noordpool

남극해

Zuidpool

남극

Antarctica

지구

aarde

육지

land

바다

zee

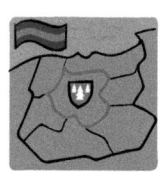

섬

eiland

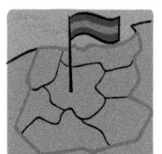

국가

natie

주

staat

시계 문자판

wijzerplaat

시침

uurwijzer

분침

minutenwijzer

초침

secondewijzer

몇 시입니까?

Hoe laat is het?

일

dag

시간

tijd

지금

nu

디지털 시계

digitaal horloge

분

minuut

시간

uur

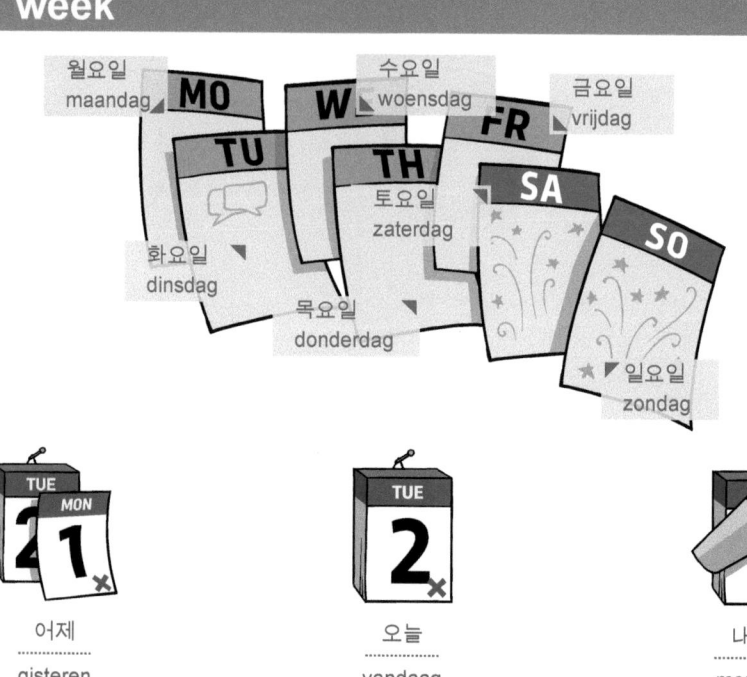

월요일 maandag
수요일 woensdag
금요일 vrijdag
화요일 dinsdag
토요일 zaterdag
목요일 donderdag
일요일 zondag

어제
gisteren

오늘
vandaag

내일
morgen

아침
ochtend

정오
middag

저녁
avond

근로일
werkdagen

주말
weekend

비
regen

무지개
regenboog

바람
wind

눈
sneeuw

봄
voorjaar

가을
herfst

여름
zomer

겨울
winter

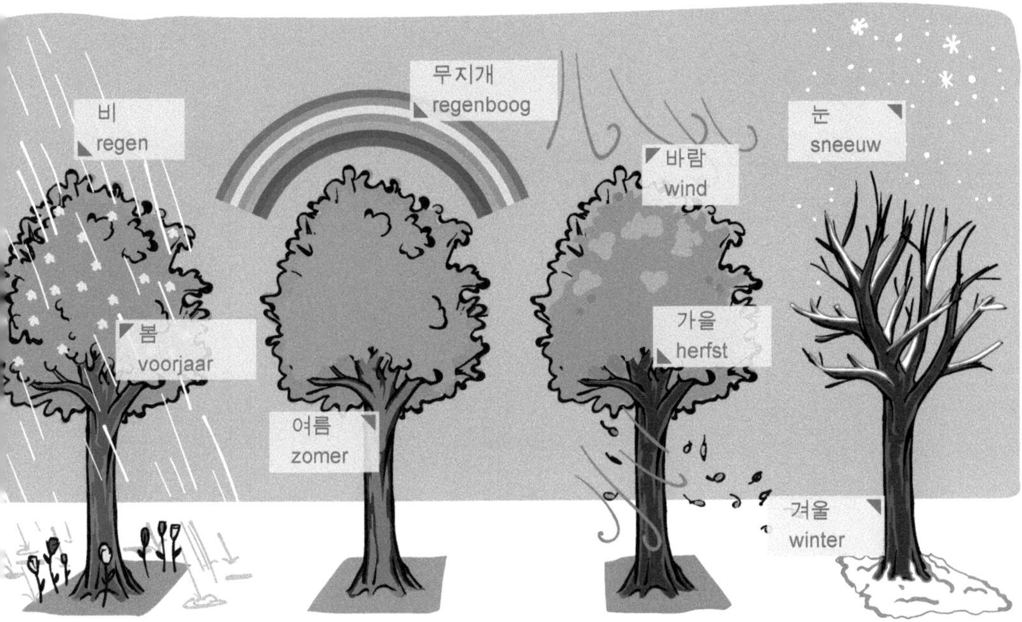

날씨 예보

weerbericht

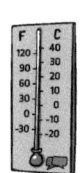

온도계

thermometer

햇빛

zonneschijn

구름

wolk

안개

mist

습도

luchtvochtigheid

번개

bliksem

천둥

donder

폭풍

storm

우박

hagel

장마

moesson

홍수

overstroming

얼음

ijs

1월

januari

2월

februari

3월

maart

4월

april

5월

mei

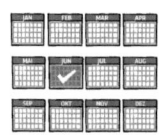

6월

juni

7월

juli

8월

augustus

년도 - jaar

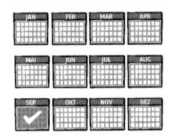

9월
....
september

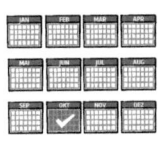

10월
....
oktober

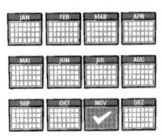

11월
....
november

12월
....
december

원
....
cirkel

정사각형
....
vierkant

직사각형
....
rechthoek

삼각형
....
driehoek

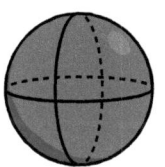

구
....
bol

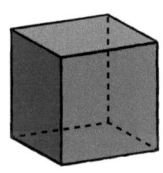

정사면체
....
kubus

색

kleuren

하양

wit

노랑

geel

주황

oranje

분홍

roze

빨강

rood

보라

paars

파랑

blauw

초록

groen

갈색

bruin

회색

grijs

검정

zwart

많은 / 적은

veel / weinig

화난 / 차분한

boos / rustig

아름다운 / 추한

mooi / lelijk

시작 / 끝

begin / einde

큰 / 작은

groot / klein

밝은 / 어두운

licht / donker

형제 / 자매

broer / zus

깨끗한 / 더러운

schoon / vies

완전한 / 불완전한

volledig / onvolledig

낮 / 밤

dag/ nacht

죽은 / 산

dood / levend

넓은 / 좁은

breed / smal

삭용의 / 비식용의

eetbaar / oneetbaar

불친절한 / 친절한

gemeen / aardig

흥분된 / 지루한

opgewonden / verveeld

뚱뚱한 / 마른

dik / dun

처음으로 / 마지막으로

eerste / laatste

친구 / 적

vriend / vijand

꽉 찬 / 텅 빈

vol / leeg

딱딱한 / 부드러운

hard / zacht

무거운 / 가벼운

zwaar / licht

배고픔 / 목마름

honger / dorst

병든 / 건강한

ziek / gezond

불법 / 합법

illegaal / legaal

영리한 / 어리석은

intelligent / dom

왼 / 오른

links / rechts

가까운 / 먼

dichtbij / ver

새 / 헌
nieuw / gebruikt

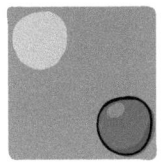

무 / 유
niets / iets

늙은 / 젊은
oud / jong

온 / 오프
aan / uit

열린 / 닫힌
open / gesloten

조용한 / 시끄러운
zacht / luid

부유한 / 가난한
rijk / arm

옳은 / 틀린
goed / fout

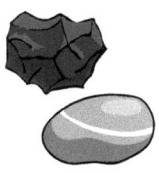

거친 / 매끄러운
ruw / glad

슬픈 / 기쁜
verdrietig / gelukkig

짧은 / 긴
kort / lang

느린 / 빠른
langzaam / snel

젖은 / 마른
nat / droog

따뜻한 / 시원한
warm / koel

전쟁 / 평화
oorlog / vrede

0

영

nul

1

하나

één

2

둘

twee

3

셋

drie

4

넷

vier

5

다섯

vijf

6

여섯

zes

7

일곱

zeven

8

여덟

acht

9

아홉

negen

10

열

tien

11

열하나

elf

12

열둘

twaalf

13

열셋

dertien

14

열넷

veertien

15

열다섯

vijftien

16

열여섯

zestien

17

열일곱

zeventien

18

열여덟

achttien

19

열아홉

negentien

20

스물

twintig

100

백

honderd

1.000

천

duizend

1.000.000

백만

miljoen

영어

Engels

미국식 영어

Amerikaans Engels

중국어 만다린

Chinees Mandarijn

힌두어

Hindi

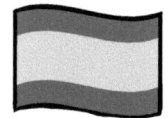

스페인어

Spaans

프랑스어

Frans

아랍어

Arabisch

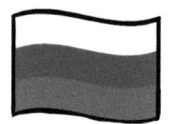

러시아어

Russisch

포르투갈어

Portugees

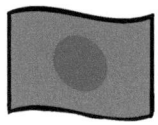

불가리아어

Bengalees

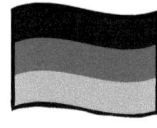

독일어

Duits

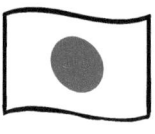

일본어

Japans

나
ik

너
jij

그 / 그녀/ 그것
hij / zij / het

우리
wij

너희들
jullie

그들
zij

누가?
wie?

무엇이?
wat?

어떻게?
hoe?

어디서?
waar?

언제?
wanneer?

HELLO, I AM

이름
naam

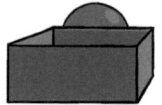

뒤에

achter

안에

in

앞에

voor

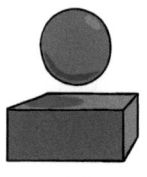

위에

boven

위에

op

아래에

onder

옆에

naast

사이에

tussen

장소

plaats